LOI SUR LES SOCIÉTÉS (CONSOLIDATION) DE 1908

Compagnie limitée par actions

LLOYDS BANK (FRANCE) LIMITED

MEMORANDUM

ET ARTICLES D'ASSOCIATION

Incorporée le 26 juillet 1911

PARIS

IMPRIMERIE ET LIBRAIRIE CENTRALES DES CHEMINS DE FER

IMPRIMERIE CHAIX

SOCIÉTÉ ANONYME AU CAPITAL DE TROIS MILLIONS

Rue Bergère, 20

1916

LOI SUR LES SOCIÉTÉS (CONSOLIDATION) DE 1908

Compagnie limitée par actions

MEMORANDUM D'ASSOCIATION

DE

LLOYDS BANK (FRANCE) LIMITED

ARTICLE PREMIER.

Le nom de la Compagnie est « Lloyds Bank (France) Limited ».

ART. 2.

Le siège social de la Compagnie sera situé en Angleterre.

ART. 3.

Les objets pour lesquels la Compagnie est établie sont :

1° D'acquérir et de prendre comme affaire en exploitation le fonds de commerce précédemment exploité au n° 19, rue Scribe, Paris, sous la raison sociale Armstrong et Cie et tout ou partie de l'actif et du passif des propriétaires dudit fonds y ayant trait et à cette fin de passer et de réaliser avec ou sans modification le contrat dont il est question dans la clause 3 des articles d'association ci-joints.

2° De faire le commerce de banque dans toutes ses branches et départements y compris les emprunts, l'obtention ou la réception d'argent, les prêts ou avances d'argent, valeurs et biens, l'escompte, l'achat, la vente et la négociation de lettres de change, billets à ordre, coupons, traites, connaissements, warrants, obligations, certificats,

LOI SUR LES SOCIÉTÉS (CONSOLIDATION) DE 1908

Compagnie limitée par actions

LLOYDS BANK (FRANCE) LIMITED

MEMORANDUM

ET ARTICLES D'ASSOCIATION

Incorporée le 26 juillet 1911

PARIS
IMPRIMERIE ET LIBRAIRIE CENTRALES DES CHEMINS DE FER
IMPRIMERIE CHAIX
SOCIÉTÉ ANONYME AU CAPITAL DE TROIS MILLIONS
Rue Bergère, 20
1916

titres et autres instruments et valeurs soit transférables, négociables ou non, l'octroi et l'émission de lettres de crédit et de notes circulaires, l'achat, la vente et les opérations en lingots et espèces, l'achat, la possession, l'émission à la commission, la souscription en garantie et la négociation de stocks, fonds, actions, obligations hypothécaires, obligations-stock, obligations, valeurs et placements de toute nature, la négociation d'emprunts et d'avances, la réception d'argent et objets de valeur en dépôt ou pour garde ou autrement, l'encaissement et la transmission d'argent et de valeurs, l'administration de biens et la négociation de toutes sortes d'affaires qui de temps en temps peuvent être traitées légalement par des banquiers, financiers, concessionnaires et promoteurs.

3° D'acheter, acquérir, entreprendre et continuer la totalité ou toute partie quelconque des fonds de commerce, clientèle, biens, actif et passif de toute personne, société en nom collectif ou société faisant tout commerce de banque ou d'escompte.

4° D'émettre des notes circulaires, effets, traites et autres instruments et valeurs, soit au porteur ou autrement et portant engagement soit pour le paiement d'argent ou la remise de lingots ou autrement et de faire en sorte que ces diverses valeurs puissent être transférées sans restriction.

5° De faire tous arrangements avec tous gouvernements ou autorités, suprêmes, municipales, locales ou autrement qui peuvent paraître profitables aux objets de la Compagnie ou à quelques-uns d'entre eux et d'obtenir de ces gouvernements ou autorités ou autrement acquérir tous droits, concessions et privilèges qu'il paraîtra désirable à la Compagnie d'obtenir et de réaliser et exercer ces arrangements, droits, concessions ou privilèges et s'y conformer.

6° De contracter toute association ou tout arrangement

pour partage de bénéfices, fusion, union d'intérêts, coopération, entreprise commune, concession réciproque ou autrement avec toute personne ou société exploitant ou traitant ou sur le point d'exploiter ou de traiter tout commerce ou opération que la Compagnie est autorisée à exploiter ou traiter ou tout commerce ou opération pouvant être mené de manière à avantager la Compagnie directement ou indirectement et de prendre ou autrement acquérir des actions ou stock ou valeurs de toute telle société, la commanditer ou l'aider de toute autre manière et de vendre, posséder, émettre à nouveau avec ou sans garantie ou autrement négocier de tels actions, stock ou valeurs.

7° D'obtenir toute loi du Parlement ou tous loi, décret, ordonnance ou autorisation de la Législature ou du Gouvernement de tous colonie, dépendance, état, municipalité ou pays étranger qui peuvent paraître à la Compagnie profitables aux objets de la Compagnie ou à l'un d'eux ou pour effectuer toute modification de la constitution de la Compagnie ou pour tout autre objet qui peut paraître avantageux et de s'opposer à toutes procédures ou demandes qui peuvent paraître calculées à porter un préjudice direct ou indirect aux intérêts de la Compagnie.

8° D'effectuer et d'obtenir ou de donner tous tels cautionnements et garanties ou contre-cautionnements et contre-garanties qui pourraient paraître utiles relativement aux affaires de la Compagnie et de faire toutes affaires en qualité d'agents.

9° De se charger des devoirs et agir en qualité d'exécuteur de testaments et fidéicommissaire de testaments ou d'actes de constitution de biens en fidéicommis, d'agir comme fidéicommissaire d'actes ou documents garantissant des obligations, obligations-stock ou autres émissions de sociétés anonymes ou autres, d'agir en qualité de fidéi-

commissaire d'institutions charitables et autres et généralement d'accepter et d'exécuter des fidéicommis de tous
genres (y compris l'office de fidéicommissaire-gardien sous
la loi dite « Public Trustee Act » de 1906) avec ou sans
rémunération.

10° De remplir l'office de séquestre, trésorier ou
commissaire aux comptes et de tenir pour tous société,
gouvernement, autorité ou corps tout registre relatif à
tous stocks, fonds, actions ou valeurs et d'assumer tous
devoirs relativement à l'enregistrement de transferts,
l'émission de certificats ou autrement.

11° De prendre ou concourir à prendre tous tels mesures
et actes qui peuvent paraître le plus propre à maintenir
et soutenir le crédit de la Compagnie et à obtenir et
justifier la confiance publique et à détourner ou réduire
au minimum des troubles financiers qui pourraient faire
tort à la Compagnie.

12° De vendre l'entreprise de la Compagnie ou toute
partie de celle-ci pour le prix que la Compagnie jugera
convenable et notamment pour des actions ou obligations,
obligations-stock ou autres valeurs de toute autre société
ayant des objets entièrement ou en partie similaires à
ceux de cette Compagnie.

13° De créer toutes sociétés ou société à l'effet d'acquérir
tout ou partie des biens, droits et passif de cette Compagnie ou pour tout autre but qui peut paraître calculé
directement ou indirectement à avantager cette Compagnie
et de prendre ou acquérir des actions et valeurs de toute
telle société et de les vendre, posséder, émettre à nouveau
ou en disposer de toute autre manière.

14° Généralement d'acheter, prendre à bail ou en
échange, louer ou acquérir de toute autre manière tous
biens immeubles ou meubles et tous droits ou privilèges

que la Compagnie peut juger nécessaires ou utiles par rapport à ces objets ou susceptibles d'être avantageusement employés relativement aux biens ou droits de la Compagnie à toute époque.

15° D'établir et soutenir ou d'aider à l'établissement et au soutien d'associations, institutions, fidéicommis, fonds ou œuvres de nature à profiter aux employés ou ex-employés de la Compagnie ou ses prédécesseurs dans les affaires ou aux dépendants ou parents de ces personnes, et d'accorder des pensions et allocations et de faire des paiements en vue d'assurances et de souscrire ou garantir des sommes d'argent pour des objets charitables et de bienfaisance ou pour tout objet public, général ou utile.

16° De payer ou acquitter tout ou toute partie du prix de tous biens ou droits dont l'achat ou l'acquisition par tout autre moyen a été convenu par la Compagnie pour les objets de son entreprise soit en espèces ou en actions, obligations ou obligations-stock entièrement ou partielle-ment libérées de la Compagnie ou de toute autre société ou de toute autre manière qui peut paraître utile.

17° D'obtenir pour toute autre société, personne ou personnes intéressées dans la Compagnie ou avec lesquelles la Compagnie a des relations amicales toute garantie pour l'exécution de tout contrat avec la Compagnie qui peut paraître utile.

18° De se procurer ou emprunter toutes sommes d'argent ou en garantir le paiement de telle manière et à telles conditions qu'il peut paraître utile et en particulier par l'émission d'obligations ou d'obligations-stock, soit per-pétuelles, soit autrement, et garanties ou non sur la totalité ou une part quelconque des biens et droits de la Compagnie tant présents que futurs, y compris son capital non appelé, et d'amortir, acheter ou rembourser toutes telles valeurs.

19° De préparer des terrains pour la construction, y faire des constructions, les améliorer ou louer à bail, faire des avances de fonds à des personnes y faisant des constructions ou les développer de toute autre manière qui peut paraître utile pour avancer les intérêts de la Compagnie.

20° De rémunérer toutes personnes pour services rendus ou à rendre pour le placement ou pour avoir aidé à placer toutes actions du capital de la Compagnie ou toutes obligations, obligations-stock ou autres valeurs de la Compagnie, relativement à la formation ou promotion de la Compagnie ou à la conduite de son entreprise.

21° De faire toutes ou l'une quelconque des choses ci-dessus dans toutes parties du monde et soit comme commettants, agents, entrepreneurs, fidéicommissaires ou autrement et soit seule soit conjointement avec d'autres.

22° De vendre, améliorer, gérer, développer, échanger, affranchir, louer à bail, hypothéquer, aliéner, faire valoir ou disposer de toute autre manière de tout ou partie des biens et droits de la Compagnie.

23° De faire toutes autres choses qui sont incidentes ou connexes à la réalisation des objets ci-dessus et de manière que le mot « Société » dans cette clause soit censé comprendre toute société en nom collectif ou autre association de personnes, soit incorporée ou non et soit domiciliée dans le Royaume-Uni ou ailleurs.

Art. 4.

La responsabilité des membres est limitée.

Art. 5.

Augmenté par délibérations de l'Assemblée générale 10 octobre 1913 et 11 décembre 1914 Le capital nominal de la Compagnie est de £ 600.000 divisé en 12.000 actions de £ 50 chacune avec pouvoir de diviser les actions dans le capital original ou tout capital augmenté en différentes classes et d'y attacher respectivement tous droits, avantages et conditions soit privilégiés, qualifiés, spéciaux ou différés.

Nous, les diverses personnes dont les noms et adresses sont souscrits ci-dessous, désirons être constitués en société conformément au présent memorandum d'association, et nous nous engageons respectivement à prendre le nombre d'actions dans le capital de la Compagnie, indiqué en face de nos noms respectifs :

NOMS, ADRESSES ET QUALITÉS DES SOUSCRIPTEURS	NOMBRE D'ACTIONS prises par chaque souscripteur
R. V. Vassar Smith, rentier, Charlton Park, Cheltenham.	1
J. W. Beaumont Pease, rentier, Pendower, Newcastle-on-Tyne.	1
E. Brodie Hoare, rentier, Tenchleys, Limpsfield, Surrey.	1
W. S. De Winton, rentier, Tymawr, Brecon.	1
Austin E. Harris, rentier, 81, Gracechurch Street, London E. C.	1

Daté ce 25 juillet 1911.

Témoin aux signatures ci-dessus :
EDWD. J. HARRISON,
10, Garden Road, Bromley, Kent.
Rentier.

LOI SUR LES SOCIÉTÉS (CONSOLIDATION) DE 1908

Compagnie limitée par actions

ARTICLES D'ASSOCIATION

DE

LLOYDS BANK (FRANCE) LIMITED

Préliminaire.

ARTICLE PREMIER.

Les notes en marge des présentes n'en changeront pas la signification et, dans les présentes, à moins qu'il n'y ait dans le sujet ou le contexte quelque chose de contradictoire, $\qquad$ Interprétation

« La Loi » veut dire la « loi sur les sociétés (consolidation) 1908. »

« Le siège » veut dire le siège social à toute époque de la Compagnie.

« Le registre » veut dire le Registre des membres à tenir en conformité de la section 25 de la loi.

« Mois » veut dire un mois du calendrier.

« Par écrit » ou « écrit » comprend ce qui est imprimé ou lithographié et tout autre mode pour représenter ou reproduire des mots dans une forme visible.

« Les administrateurs » veut dire les administrateurs à toute époque.

« Dividende » comprend des primes.

« Résolution spéciale » et « résolution extraordinaire »

ont les significations qui leur sont données respectivement par la section 69 de la loi.

Les mots au singulier seulement comprennent le plu-
riel et *vice versa*.

Les mots du genre masculin comprennent le féminin.

Les mots signifiant des personnes comprennent des
sociétés.

Art. 2.

Table A s'applique comme exprimé. Les règlements contenus dans la table A de la première
cédule de la Loi s'appliqueront à la Compagnie dans la
limite ci-après exprimée.

Art. 3.

Convention préliminaire. La Compagnie passera immédiatement un contrat avec
MM. Armstrong et Cie dans les termes du projet qui pour
les besoins d'identification a été signé par Barry Willi-
combe Mason, solicitor de la Cour suprême, et les administrateurs mettront ledit contrat à exécution avec plein
pouvoir toutefois et à toute époque d'accepter toute modification de ses conditions soit avant soit après son exécution.

Art. 4.

Compagnie privée. La Compagnie sera une Compagnie privée dans les
termes de la section 121 de la Loi et en conséquence les
dispositions suivantes auront effet, savoir :

a) Le nombre des membres à toute époque de la Compagnie ne devra pas dépasser cinquante, mais quand
deux ou plusieurs personnes posséderont conjointement
une ou plusieurs actions de la Compagnie elles seront
pour les besoins de ce paragraphe traitées comme membre
unique.

b) Toute invitation au public de souscrire pour des

actions, obligations ou obligations-stock de la Compagnie est prohibée par les présentes.

c) Les transferts d'actions seront restreints comme ci-après exprimé.

Art. 5.

Aucuns fonds de la Compagnie ne seront employés dans l'achat d'actions de la Compagnie.

> La Compagnie ne peut acheter ses propres actions

Art. 6.

Les actions seront sous le contrôle des administrateurs qui peuvent les répartir ou en disposer de toute autre manière à telles personnes et sous tels termes et conditions et soit avec prime ou autrement et aux époques que les administrateurs aviseront.

> Répartition des actions.

Art. 7.

Si par les conditions de répartition de toute action la totalité ou une partie du montant de celle-ci ou de son prix d'émission est payable par fractions, toute telle fraction sera, quand elle deviendra exigible, payée à la Compagnie par la personne qui à toute époque et de temps à autre en sera le propriétaire enregistré ou par ses représentants légaux.

> Versements sur actions doivent être dûment payés.

Art. 8.

La Compagnie peut à toute époque payer une commission à toute personne pour avoir souscrit ou convenu de souscrire (soit absolument soit conditionnellement) les actions de la Compagnie ou procuré ou convenu de procurer des souscriptions (soit absolues soit conditionnellles) pour toutes actions de la Compagnie, mais de façon que si la commission est payée ou doit être payée sur le capi-

> Commission pour le placement des actions.

tal les conditions et prescriptions de la loi seront obser-
vées et remplies et la commission ne pourra dépasser dix
pour cent sur les actions souscrites ou à souscrire dans
chaque cas.

Certificats.

Art. 9.

Certificats.

Les certificats de propriété aux actions seront émis sous
le sceau de la Compagnie et signés par deux administrateurs et contresignés par le secrétaire ou toute autre personne désignée par les administrateurs et les clauses 6 et
7 de la Table A s'appliqueront en conséquence.

Appels.

Art. 10.

Appels.

Les administrateurs peuvent à toute époque faire tels
appels qu'ils pourront juger utiles aux membres relativement à toutes sommes impayées sur les actions possédées
par eux respectivement et dont le paiement n'a pas été
stipulé à des dates fixes par les conditions de répartition
et tout membre paiera le montant de tout appel qui lui
sera ainsi fait aux personnes et aux époques et lieux
désignés par les administrateurs. Un appel peut être fait
payable par fractions et les clauses 12 à 17 de la Table A
quant aux appels s'appliqueront *mutatis mutandis*. Aucun
appel n'excédera le quart du montant de l'action et deux
appels successifs ne seront faits à un intervalle moindre
de deux mois.

Art. 11.

Paiement d'appels par
anticipation.

Les administrateurs peuvent, s'ils le jugent utile, recevoir
de tout membre voulant en faire l'avance et soit en

espèces ou valeur équivalente, tout ou partie de la somme
due sur les actions qu'il possède en sus des sommes déjà
appelées et sur la somme ainsi payée ou acquittée d'avance
ou sur la partie de cette somme qui dépasse à toute
époque le montant des appels alors faits sur les actions
relativement auxquelles cette avance a été faite, la Compagnie peut payer un intérêt à tel taux que le membre
payant cette somme d'avance et les administrateurs pourront convenir ensemble.

Privilège et confiscation.

Art. 12.

Les clauses 9 à 11 inclus et 24 à 30 inclus de la Table A
s'appliqueront à cette Compagnie.

Privilège
et confiscation.

Art. 13.

Lors de toute vente après confiscation ou pour faire
valoir un droit de privilège dans l'exercice des pouvoirs
ci-dessus donnés, les administrateurs pourront faire ins-
crire le nom de l'acheteur sur le registre pour les actions
vendues et l'acheteur ne sera pas tenu de s'occuper de
la régularité de l'opération ou de l'emploi du prix d'achat
et après que son nom aura été inscrit sur le registre relativement à ces actions la validité de la vente ne sera pas
attaquée par qui que ce soit et aucune personne lésée par
la vente ne pourra exercer un recours que pour des dom-
mages et intérêts et contre la Compagnie exclusivement.

Validité des ventes.

Transfert et transmission d'actions.

Art. 14.

L'acte de transfert de toute action sera signé par le
cédant et le cessionnaire et le cédant sera considéré comme

Exécution
de transferts, etc.

restant propriétaire de cette action jusqu'à ce que le nom
du cessionnaire soit inscrit sur le registre y relativement
et les clauses 18 à 23 de la Table A s'appliqueront *mutatis
mutandis*.

Art. 15.

Les administrateurs peuvent refuser d'enregistrer un transfert.

Les administrateurs peuvent refuser d'enregistrer tout
transfert d'actions sur lesquelles la Compagnie a un droit
de retention et peut refuser d'enregistrer tout transfert
sans indiquer aucune raison pour ce refus.

Augmentation de capital.

Art. 16.

Augmentation de capital.

La Compagnie peut à toute époque en assemblée générale augmenter son capital.

Hypothèque sur capital non appelé.

Art. 17.

Hypothèque sur capital non appelé.

Si une hypothèque ou autre garantie comprend ou affecte
une partie quelconque du capital non appelé de la
Compagnie les administrateurs peuvent par acte sous le
sceau de la Compagnie autoriser la personne en faveur
de laquelle une telle hypothèque ou garantie est exécutée,
ou toute autre personne comme son fidéicommissaire, de
faire des appels aux membres relativement à ce capital
non appelé et le droit d'exercer ce pouvoir peut être
conféré soit conditionnellement ou sans conditions et soit
de suite ou éventuellement et soit à l'exclusion des
pouvoirs des administrateurs ou autrement et les dispositions ci-dessus contenues quant aux appels s'appliqueront,
mutatis mutandis, aux appels faits en vertu de ce pouvoir

et ce pouvoir sera transférable s'il a été exprimé qu'il en soit ainsi.

Assemblées générales.

Art. 18.

L'assemblée statutaire de la Compagnie sera, ainsi qu'il est exigé par l'article 65 de la loi, tenue dans un délai de pas moins d'un mois ou plus de trois mois à dater du jour où la Compagnie sera en droit de fonctionner et à tels époque et lieu que les administrateurs désigneront.

Art. 19.

D'autres assemblées générales seront tenues une fois en 1911, et toutes les années suivantes à tels époque et lieu qui pourront être prescrits par la Compagnie en assemblée générale et, au cas où aucune époque ni lieu ne seraient ainsi prescrits aux époque et lieu déterminés par les administrateurs. Les autres assemblées générales ci-dessus mentionnées seront nommées « Assemblées ordinaires » et toutes autres assemblées de la Compagnie seront nommées « Assemblées extraordinaires ».

Art. 20.

Les administrateurs peuvent, quand ils le jugent convenable, convoquer une assemblée extraordinaire et les administrateurs doivent, à la demande des porteurs de pas moins d'un dixième du capital actions émis de la Compagnie sur lequel tous appels ou autres sommes alors dus ont été payés, convoquer immédiatement une assemblée extraordinaire et les autres dispositions de l'article 66 de la Loi auront effet.

**

Art. 21.

Avis de convocation.

Un avis de sept jours francs aux membres indiquant les lieu, jour et heure de l'assemblée et dans le cas d'affaires spéciales la nature générale de ces affaires, sera donné soit par annonces soit par avis envoyé par la poste ou notifié autrement comme il est indiqué ci-après. Avec le consentement par écrit de tous les membres une assemblée générale peut être convoquée avec un avis moindre de sept jours et de toute manière qu'ils jugent convenable. Quand il est proposé de voter une résolution spéciale les deux assemblées peuvent être convoquées par un seul et même avis et aucune objection ne sera faite de ce que l'avis ne convoque la seconde assemblée que pour l'éventualité où la résolution serait votée par la majorité voulue à la première assemblée.

Art. 22.

Omission de donner avis.

La non réception par un membre quelconque de l'avis de l'assemblée n'infirmera pas la procédure de l'assemblée.

Manière de procéder en Assemblées générales.

Art. 23.

Objets d'assemblées ordinaires.

L'objet d'une assemblée ordinaire, autre que la première, sera de recevoir et examiner le compte de profits et pertes et le bilan, les rapports des administrateurs et des commissaires aux comptes; d'élire des administrateurs et autres officiers en remplacement de ceux se retirant à tour de rôle; de déclarer des dividendes et de traiter toutes autres affaires qui doivent conformément aux présentes être traitées à une assemblée

Affaires spéciales.

ordinaire. Toutes autres affaires traitées à une assemblée

ordinaire et toutes affaires traitées à une assemblée extraordinaire seront considérées comme spéciales.

Art. 24.

Trois membres présents en personne constitueront un quorum à une assemblée générale et aucune affaire ne sera traitée lors d'une assemblée générale à moins que le quorum exigé ne soit présent au commencement de la séance.

Quorum.

Art. 25.

Le président des administrateurs aura le droit de présider à chaque assemblée générale ou s'il n'y a pas de président, ou si à une assemblée il n'est pas présent dans les quinze minutes après l'heure fixée pour tenir l'assemblée, les membres présents choisiront un autre administrateur comme président et s'il n'y a pas d'administrateur présent ou si tous les administrateurs présents se refusent à présider alors l'assemblée choisira un de ses membres comme président.

Président de l'assemblée générale.

Art. 26.

Si dans les trente minutes de l'heure fixée pour l'assemblée un quorum n'est pas présent, l'assemblée, si elle a été convoquée sur une réquisition comme il a été dit ci-dessus, sera dissoute mais dans tout autre cas elle demeurera ajournée au même jour de la semaine suivante aux mêmes heure et lieu et si à une telle assemblée ajournée un quorum n'est pas présent, deux membres quelconques qui sont présents en personne formeront un quorum et pourront procéder aux affaires formant l'objet de l'assemblée.

Absence de quorum, dissolution d) l'assemblée et ajournement.

Art. 27.

Toute question soumise à une assemblée sera décidée en premier lieu à mains levées et en cas d'égalité de

Mode de vote aux assemblées.

votès le président aura tant lors du vote à mains levées qu'au scrutin une voix prépondérante en sus des vote ou votes auxquels il peut avoir droit comme membre.

Art. 28.

A toute assemblée générale, à moins qu'un scrutin ne soit demandé par le président ou par au moins trois membres ou par un ou des membres possédant ou représentant par procuration ou ayant droit de voter à raison d'au moins un dixième du capital actions représenté à l'assemblée, une déclaration par le président qu'une résolution a été votée par une majorité déterminée ou perdue ou pas votée par une majorité déterminée et une mention à cet effet sur le livre de procès-verbaux de la Compagnie sera une preuve concluante du fait sans preuve du nombre ou de la proportion de votes enregistrés en faveur de ou contre cette résolution.

Art. 29.

Si un scrutin est demandé comme il est dit dessus il y sera procédé de telle manière et à tels moment et lieu que le président de l'assemblée indiquera et soit de suite soit après un intervalle ou ajournement ou autrement et le résultat du scrutin sera considéré être la résolution de l'assemblée à laquelle le scrutin a été demandé.

Art. 30.

Le président d'une assemblée générale peut, avec le consentement de l'assemblée, l'ajourner de temps à autre et d'un endroit à un autre mais aucune affaire ne sera traitée à aucune assemblée ajournée autre que celle relative aux affaires non terminées à l'assemblée don l'ajournement a eu lieu.

Art. 31.

La demande d'un scrutin n'empêchera pas la continuation d'une assemblée pour l'expédition de toutes affaires autres que la question au sujet de laquelle un scrutin a été demandé.

Continuation des affaires malgré la demande de scrutin.

Art. 32.

Tout scrutin dûment demandé lors de l'élection du président d'une assemblée ou sur toutes questions d'ajournement aura lieu à l'assemblée sans ajournement.

Cas auxquels le scrutin est effectué sans ajournement.

Votes des membres.

Art. 33.

Lors d'un vote à mains levées tout membre présent en personne aura un vote et à un scrutin tout membre présent en personne ou par mandataire aura un vote pour chaque action possédée par lui. Aucun membre présent seulement par mandataire n'aura le droit de voter à mains levées à moins que ce membre soit une Société présente par un mandataire qui n'est pas un membre de la Compagnie auquel cas ce mandataire peut voter à mains levées comme s'il était membre de la Compagnie.

Vote des membres.

Art. 34.

Au cas où plusieurs personnes sont enregistrées comme propriétaires conjoints d'actions, chacune de ces personnes peut voter à toute assemblée soit personnellement soit par mandataire à raison de ses actions comme si elle y avait seule droit mais si plus d'un de ces propriétaires conjoints est présent à une assemblée personnellement ou par mandataire celle de ces personnes dont

Propriétaires conjoints.

le nom se trouve le premier sur le registre relativement à ces actions aura seule le droit de voter à raison de celles-ci. Plusieurs exécuteurs ou administrateurs d'un membre décédé au nom duquel se trouvent des actions seront pour les besoins de cette clause considérés comme des propriétaires conjoints.

Art. 35.

Vote par procuration.

Les votes peuvent être donnés soit personnellement, soit par mandataires. L'acte nommant un mandataire sera écrit et signé par le mandant ou son fondé de pouvoir, ou si ce mandant est une société sous son sceau commun ou la signature de son fondé de pouvoir. Aucune personne ne sera nommée mandataire qui ne soit un membre de la Compagnie; toutefois, une société étant un membre de la Compagnie peut nommer comme mandataire tout officier de cette société qu'il soit membre de la Compagnie ou non.

Art. 36.

Dépot de pouvoir au siège.

L'acte nommant un mandataire et la procuration (s'il y en a) en vertu de laquelle il est signé seront déposés au siège pas moins de quarante-huit heures avant l'heure fixée pour l'assemblée, ou l'assemblée ajournée (suivant le cas) à laquelle la personne nommée dans le dit acte se propose de voter mais aucun acte nommant un mandataire ne sera valable après l'expiration d'un an de la date de son exécution.

Art. 37.

Cas auxquels le vote par mandataire est valable malgré la révocation du pouvoir.

Un vote donné en conformité des terme d'un acte de procuration sera valable nonobstant le décès antérieur du constituant ou la révocation du mandataire ou le transfert de l'action à raison de laquelle le vote est donné à moins qu'un avis écrit du décès, de la révocation ou du transfert n'ait été reçu au siège avant l'assemblée.

Art. 38.

Tout acte de procuration, soit pour une assemblée spécifiée ou autrement, sera, autant que les circonstances le permettront, dans la forme ou à l'effet suivants :

Lloyds Bank (France) Limited.

Je
demeurant à
dans le comté de
membre de Lloyds Bank (France) Limited, nomme par les présentes

demeurant
ou à son défaut
demeurant
où à son défaut
demeurant
pour agir comme mon mandataire à l'assemblée générale de la Compagnie
qui sera tenue le
et à tout ajournement de celle-ci.
Ce dont fait foi ma signature ce

Art. 39.

Aucun membre n'aura le droit d'être présent ni de voter sur une question quelconque, soit personnellement, soit par mandataire, ou comme mandataire pour un autre membre, à une assemblée générale quelconque ou lors d'un scrutin ni d'être compté dans un quorum au cas où un appel ou autre somme serait dû et payable à la Compagnie à raison d'une quelconque des actions de ces membres.

Administrateurs.

Art. 40.

Jusqu'à ce qu'il en ait été décidé autrement en assemblée générale le nombre d'administrateurs ne sera pas moindre de cinq ni plus de dix-huit.

Art. 41.

Premiers administrateurs.

Les premiers administrateurs seront nommés par les souscripteurs aux présentes ou une majorité d'eux par un acte écrit sous leurs signatures.

Art. 42.

Pouvoir pour les administrateurs de nommer des administrateurs additionnels.

Les administrateurs auront le pouvoir de temps à autre et à toute époque de nommer toutes autres personnes comme administrateurs mais sans que le nombre total d'administrateurs ne puisse excéder à aucun moment le nombre maximum fixé ci-dessus, et à la condition qu'aucune nomination sous cette clause n'ait d'effet à moins que deux tiers au moins des administrateurs dans le Royaume-Uni n'y concourent.

Art. 43.

Qualification des administrateurs.

Chaque administrateur pour être qualifié comme tel devra être propriétaire d'actions de la Compagnie de la valeur nominale de £ 50 ou être administrateur ou officier d'une société possédant ces actions ou stock. Un administrateur peut agir avant d'acquérir sa qualification mais devra de toute façon l'acquérir dans les deux mois de sa nomination ou de son élection.

Art. 44.

Rémunération des administrateurs.

Les administrateurs seront payés sur les fonds de la Compagnie à titre de rémunération pour leurs services telles sommes ou somme qui seront fixées de temps à autre par la Compagnie en assemblée générale.

Art. 45.

Les administrateurs peuvent agir nonobstant une vacance.

Les administrateurs restant peuvent agir malgré toutes vacances dans leur nombre.

Art. 46.

L'office d'administrateur deviendra vacant de plein droit :

a) S'il fait faillite ou suspend ses paiements ou entre en composition avec ses créanciers.

b) S'il est reconnu aliéné ou cesse d'être sain d'esprit.

c) S'il cesse de détenir le nombre requis d'actions pour le qualifier pour l'office, ou, à moins qu'il ne soit déjà qualifié, s'il ne les acquiert pas dans les deux mois de son élection ou nomination.

d) S'il s'absente des réunions des administrateurs pendant une période de six mois sans permission spéciale des administrateurs.

e) Si par avis écrit de la Compagnie il démissionne de ses fonctions.

f) S'il devient (excepté avec le consentement des administrateurs) administrateur de toute autre compagnie de banque à fonds réunis ou associé dans une banque particulière quelconque.

Art. 47.

Aucun administrateur ne sera empêché par son office de contracter avec la Compagnie soit comme vendeur, acheteur, ou autrement et un pareil contrat ou un contrat ou marché passé par ou au nom de la Compagnie dans lequel un administrateur sera intéressé d'une manière quelconque ne sera pas annulé et un administrateur contractant ainsi ou étant ainsi intéressé ne sera pas comptable envers la Compagnie pour tout bénéfice réalisé par un pareil contrat ou marché à raison seulement des fonctions que cet administrateur occupe ou des relations judiciaires en résultant mais il est déclaré que la nature de son intérêt doit être révélée par lui à la réunion des administrateurs à laquelle le contrat ou marché est arrêté si son intérêt existe alors ou en tout cas à la première réunion des administrateurs après l'acquisition de son intérêt et qu'aucun administrateur ne votera comme administrateur relativement à tout contrat ou marché dans lequel il est ainsi intéressé comme il est dit ci-dessus et s'il vote son vote ne sera pas compté. Cette prohibition ne s'appliquera pas à la convention mentionnée dans la clause 3 des présentes ou à des questions y relatives ou à un contrat passé par ou au nom de la Compagnie pour donner aux administrateurs ou à l'un d'eux une garantie pour une avance ou pour les couvrir de toute responsabilité ou à un contrat avec tout membre ayant droit légalement ou bénéficiairement à deux tiers au moins des actions émises de la Compagnie ou à un règlement ou à une compensation de demande reconventionnelle, et elle pourra à toute époque être suspendue ou atténuée dans une mesure quelconque par une assemblée générale. Un avis général qu'un administrateur est un membre d'une maison ou société spécifiée et doit être considéré comme intéressé dans toutes opérations avec cette maison ou société sera une révélation suffisante aux fins du présent article à l'égard de cet administrateur et desdites opérations et après cet avis général il ne sera pas nécessaire pour cet administrateur de donner un avis spécial pour toute opération particulière avec cette maison ou société.

Art. 48.

Les administrateurs peuvent tenir un autre office de la Compagnie.

Un administrateur peut tenir tout autre office sous la Compagnie conjointement avec l'office d'administrateur excepté celui de commissaire aux comptes et sous telles conditions quant à la rémunération et autrement que les administrateurs peuvent déterminer.

Roulement d'administrateurs.

Art. 49.

A l'assemblée ordinaire qui devra être tenue en 1912 et à chaque assemblée ordinaire successive un tiers des administrateurs ou si leur nombre n'est pas un multiple de trois, alors le nombre le plus proche mais ne dépassant pas un tiers, se retirera de ses fonctions et les articles 79 à 86 inclus de la table « A » s'appliqueront *mutatis mutandis*.

Roulement ou
retraite des admin
trateurs.

Administrateurs délégués.

Art. 50.

Les administrateurs peuvent de temps à autre nommer un ou plusieurs d'entre eux comme administrateur délégué ou administrateurs délégués de la Compagnie soit pour un terme fixe ou sans limiter la période pour laquelle lui ou eux doit ou doivent rester en fonctions et peuvent de temps à autre les relever ou les révoquer de leurs fonctions et en nommer un autre ou d'autres à leur place.

Pouvoir de nomm
un administrateu
délégué.

Art. 51.

Un administrateur délégué tant qu'il conservera ses fonctions ne sera pas soumis à la retraite par roulement et il ne sera pas tenu compte de lui dans la réglementation du roulement ou de la retraite des administrateurs mais il sera, sous réserve des stipulations de tout contrat entre lui et la Compagnie, soumis aux mêmes dispositions

Dispositions
applicables.

concernant la démission et la révocation que les autres administrateurs de la Compagnie et s'il cesse de remplir les fonctions d'administrateur pour une cause quelconque il cessera de plein droit et immédiatement d'être administrateur délégué.

Art. 52.

La rémunération d'un administrateur délégué sera fixée de temps à autre par les administrateurs ou par la Compagnie en assemblée générale et peut consister d'appointements ou de commission ou de participation dans les bénéfices ou prendre toutes ces formes.

Art. 53.

Les administrateurs peuvent de temps à autre confier et conférer à un administrateur délégué à toute époque ceux des pouvoirs qui peuvent être exercés en vertu des présentes par les administrateurs qu'ils aviseront et peuvent conférer ces pouvoirs pour telle période et pour être exercés pour tels objets et à telles fins et sous tels termes et conditions et avec telles restrictions qu'ils peuvent juger utiles et ils peuvent conférer ces pouvoirs soit conjointement avec tous les pouvoirs ou une partie des pouvoirs des administrateurs à cet effet ou à l'exclusion ou en substitution de ces pouvoirs et ils peuvent de temps à autre révoquer, retirer, changer ou modifier ces pouvoirs en tout ou partie.

Procédure aux réunions des administrateurs.

Art. 54.

Les administrateurs peuvent se réunir pour l'expédition des affaires, ajourner et régler leurs réunions de toute autre manière comme bon leur semble et fixer le quorum nécessaire pour l'expédition des affaires. Jusqu'à ce qu'il en ait été décidé autrement deux administrateurs formeront un quorum. Un administrateur peut à toute époque et le secrétaire à la demande d'un administrateur devra convoquer une réunion des administrateurs. Un administrateur qui est absent du Royaume-Uni et pendant la durée de cette absence n'aura pas droit d'être avisé d'une telle réunion.

Art. 55.

Les questions soulevées à une réunion seront décidées à la majorité des voix et en cas d'égalité de voix le président aura une voix additionnelle ou prépondérante.

Décision des questions.

Art. 56.

Les administrateurs peuvent élire un président de leurs réunions et fixer la période pour laquelle il doit rester en fonctions mais si aucun président n'est ainsi nommé ou si un président n'est pas présent lors d'une réunion à l'heure fixée pour la séance les administrateurs présents choisiront l'un d'entre eux pour être président de cette réunion.

Président.

Art. 57.

Une réunion des administrateurs en fonctions à laquelle un quorum est présent aura compétence pour exercer la totalité ou toute partie des droits pouvoirs et discrétions dont les administrateurs sont investis ou qu'ils peuvent exercer d'une manière générale en vertu des règlements de la Compagnie à toute époque.

Pouvoirs de la réunion.

Art. 58.

Les administrateurs peuvent déléguer leurs pouvoirs à des comités composés de tels membre ou membres

Pouvoir de nommer des comités et déléguer.

d'entre eux qu'ils aviseront. Tout comité ainsi formé se conformera dans l'exercice des pouvoirs ainsi délégués à tous les règlements qui pourront à toute époque lui être imposés par les administrateurs.

Art. 59.

Manière de procéder des comités.

Les réunions et les opérations de tout tel comité comprenant deux ou plusieurs membres seront régies par les dispositions ici contenues pour le règlement des réunions et des opérations des administrateurs autant qu'elles leur sont applicables et n'auront pas été remplacées par des règlements établis par les administrateurs en vertu du dernier article qui précède.

Art. 60.

Validité des actes des administrateurs ou comité en certains cas nonobstant une nomination irrégulière.

Tous actes faits à une réunion d'administrateurs ou à un comité d'administrateurs ou par toute personne agissant comme administrateur seront, malgré qu'il soit découvert par la suite qu'il y avait une irrégularité dans la nomination de ces administrateurs ou personnes agissant comme il est dit ci-dessus ou qu'ils soient ou que l'un d'eux soit disqualifié, aussi valables que si ces personnes eussent été dûment nommées et qualifiées pour être administrateurs.

Art. 61.

Résolution sans réunion du conseil.

Une résolution écrite signée par tous les administrateurs sera aussi valable et aura autant d'effet que si elle avait été votée à une réunion d'administrateurs dûment convoquée et constituée.

Art. 62.

Rémunération pour services extraordinaires.

Si un administrateur, qui y consent, est appelé à rendre des services extraordinaires ou à faire des efforts spéciaux en se rendant à l'étranger ou y résidant ou autrement à l'égard des objets de la Compagnie, celle-ci le rémunérera soit par une somme fixe ou par un pourcentage sur les bénéfices ou autrement ainsi qu'il pourra être décidé par les administrateurs et une telle rémunération pourra s'ajouter à sa part de la rémunération ci-dessus fixée ou y être substituée.

Pouvoirs des administrateurs.

ART. 63.

La direction des affaires de la Compagnie est conférée aux administrateurs et les administrateurs en sus des pouvoirs et droits qui leur sont expressément conférés par les présentes peuvent exercer tous les pouvoirs et faire tous les actes et choses qui peuvent être exercés ou faits par la Compagnie et qui ne doivent pas d'après les présentes ou les lois être exercés ou faits par la Compagnie en assemblée générale mais sous réserve néanmoins des dispositions de la loi et des présentes et de tous réglements faits de temps à autre par la Compagnie en assemblée générale ou par écrit signé par ou pour le compte des propriétaires d'au moins deux tiers des actions émises de la Compagnie.

Pouvoirs généraux de la Compagnie conférés aux administrateurs.

ART. 64.

Sans préjudice aux pouvoirs généraux conférés par la dernière clause qui précède et sans en aucune façon les limiter ni les restreindre et sans préjudice aux autres pouvoirs conférés par les présentes il est ici expressément déclaré que les administrateurs auront les pouvoirs suivants savoir, pouvoir :

Pouvoirs spéciaux donnés aux administrateurs :

1° De payer les frais, charges et dépenses préliminaires ou incidents à la promotion, la formation, l'établissement et l'enregistrement de la Compagnie ;

2° D'acheter ou acquérir de toute autre manière pour la Compagnie tous biens, droits ou privilèges que la Compagnie est autorisée à acquérir à ou pour tel prix ou contre valeur et généralement à tels termes et conditions qu'ils aviseront ;

3° De nommer et à leur discrétion révoquer ou suspendre tels directeurs, secrétaires, officiers, employés, agents et serviteurs pour des services permanents, temporaires ou spéciaux qu'ils pourront de temps à autre juger convenable et de déterminer leurs fonctions et pouvoirs et fixer leurs salaires ou émoluments et de demander des garanties dans tels cas et jusqu'à telle somme qu'ils aviseront ;

4° De nommer toutes personne ou personnes (soit incorporées ou non) pour accepter et tenir sous fidéi-commis pour la Compagnie tous biens appartenant à celle-ci ou dans lesquels elle a des intérêts ou pour tous autres objets et d'exécuter et faire tels actes et choses qui peuvent être nécessaires relativement à ce fidéi-commis et de pourvoir à la rémunération de ces fidéi-commissaires ;

5° D'exécuter au nom et pour le compte de la Compagnie en faveur de tout administrateur ou autre personne qui peut encourir ou est sur le point d'encourir une responsabilité personnelle quelconque au profit de la Compagnie toutes hypothèques sur les biens de la Compagnie (présents et futurs) qu'ils aviseront et toute hypothèque de cette nature peut contenir le pouvoir de vendre et tels autres pouvoirs stipulations et dispositions qui seront convenus ;

6° De donner à tout officier ou autre personne employée

par la Compagnie une commission sur les bénéfices de toute affaire on opération spéciale ou une part dans les bénéfices généraux de la Compagnie et cette commission ou part de bénéfice sera traitée comme partie des frais généraux de la Compagnie;

7° De prélever sur les bénéfices de la Compagnie, avant de recommander un dividende, toutes sommes qu'ils peuvent juger convenables comme fonds de réserve pour parer aux éventualités ou pour des dividendes spéciaux ou pour égaliser des dividendes ou pour réparer, améliorer et entretenir les biens de la Compagnie et pour tous autres objets que les administrateurs dans leur discrétion absolue jugeront avantageux aux intérêts de la Compagnie et (sous réserve de la clause 5 des présentes) de placer les diverses sommes ainsi prélevées dans tels placements qu'ils aviseront et de temps à autre d'employer et de changer ces placements et d'en disposer en totalité ou en partie au profit de la Compagnie et de diviser le fonds de réserve en tels fonds spéciaux qu'ils aviseront et d'employer le fonds de réserve ou toute partie de celui-ci dans les affaires de la Compagnie et ce sans qu'il soit nécessaire de le conserver séparé des autres éléments de l'actif. *De constituer un fonds de réserve.*

Administration locale.

Art. 65.

Les administrateurs peuvent de temps à autre pourvoir à l'administration et à la gestion des affaires de la Compagnie dans toute localité spécifiée soit dans le Royaume-Uni soit à l'étranger de la manière qu'ils aviseront et les dispositions contenues dans les trois articles suivants ne préjudicieront pas au pouvoir général conféré par le présent article. *Administration locale.*

Art. 66.

Conseils locaux.

Les administrateurs peuvent de temps à autre et à toute époque établir tout conseil local ou agence pour diriger les affaires de la Compagnie dans toute localité spécifiée de cette nature et peuvent nommer toutes personnes membres de ces conseils locaux ou directeurs ou agents et peuvent fixer leur rémunération et les administrateurs peuvent de temps à autre et à toute époque déléguer à toute personne ainsi nommée tous les pouvoirs, droits et discrétions dont les administrateurs sont investis à toute époque, sauf le pouvoir de faire des appels, et ils peuvent autoriser les membres à toute époque de ce conseil local, ou l'un d'eux, d'y remplir toutes vacances et d'agir malgré des vacances et toute nomination ou délégation de cette nature peut être faite aux termes et conditions que les administrateurs aviseront et les administrateurs peuvent à toute époque révoquer toute personne ainsi nommée et annuler ou changer toute délégation de cette nature.

Art. 67.

Procurations.

Les administrateurs peuvent à toute époque et de temps à autre par procuration sous le sceau de la Compagnie nommer toutes personne ou personnes pour être le ou les mandataires de la Compagnie pour tels objets et avec tels pouvoirs, droits et discrétions (ne dépassant pas ceux dont les administrateurs sont investis ou qu'ils peuvent exercer en vertu des présentes) et pour telle période et sous réserve de telles conditions que les administrateurs peuvent de temps à autre juger convenables et toute nomination de cette nature peut (si les administrateurs le jugent convenable) être faite en faveur des membres ou de l'un des membres de tout conseil local établi comme il est dit ci-dessus ou en faveur de toute société ou de tous membres, administrateurs, nominataires ou directeurs de toute société ou firme ou autrement en faveur de tout corps renouvelable de personnes, nommées soit directement soit indirectement par les administrateurs et cette procuration peut contenir tels pouvoirs pour la protection ou la commodité des personnes traitant avec tels mandataires que les administrateurs aviseront.

Art. 68.

Tous tels délégués ou mandataires comme susdit peuvent être autorisés par les administrateurs à sous-déléguer tout ou partie des pouvoirs, droits et discrétions dont ils seraient investis à toute époque.

Sous-délégation.

Art. 69.

La Compagnie peut exercer les pouvoirs conférés par la section 79 de la Loi et les administrateurs sont en conséquence investis de ces pouvoirs.

Sceaux spéciaux pour usage à l'étranger.

Dividendes.

Art. 70.

Sous réserve de ce qui est dit ci-dessus et de l'article suivant des présentes les bénéfices de la Compagnie seront divisibles parmi les membres ayant des actions ordinaires proportionnellement au montant du capital libéré sur les actions ordinaires possédées par eux respectivement.

Dividendes sur actions ordinaires.

Art. 71.

Lorsqu'une somme a été payée sur le capital d'actions quelconques en anticipation d'appels et qu'il a été stipulé

Capital payé d'avance et portant intérêts improductifs de dividende.

que cette somme portera intérêts, ce capital pendant qu'il
porte intérêts ne conférera pas un droit de participer aux
bénéfices.

Art. 72.

**Déclaration
de dividendes.**

La Compagnie en assemblée générale peut déclarer un
dividende à payer aux membres d'après leurs droits et
intérêts dans les bénéfices.

Art. 73.

**Limitation du montant
du dividende.**

Aucun dividende supérieur à celui recommandé par
les administrateurs ne sera déclaré mais la Compagnie en
assemblée générale peut déclarer un dividende moindre.

Art. 74.

**Dividende payé sur
bénéfices seulement
et improductifs
d'intérêts.**

Aucun dividende ne sera payé que sur les bénéfices de
la Compagnie et aucun dividende ne portera intérêts contre
la Compagnie.

Art. 75.

Nature des bénéfices.

La déclaration des administrateurs quant au montant
des bénéfices de la Compagnie sera définitive.

Art. 76.

**Dividendes
intérimaires.**

Les administrateurs peuvent de temps à autre payer
aux membres à valoir sur le prochain dividende tels dividendes intérimaires que la position de la Compagnie
justifiera à leur avis.

Art. 77.

Déduction de dettes.

Les administrateurs peuvent retenir tous dividendes sur
lesquels la Compagnie a un privilège et peut en appliquer
le montant au paiement des dettes, passif ou engagements
au sujet desquels le privilège existe.

Art. 78.

Les administrateurs peuvent retenir les dividendes à payer sur les actions à l'égard desquelles toute personne a droit de devenir membre sous la clause 23 de la table A ou que toute personne a droit de transférer sous cette clause jusqu'à ce que cette personne soit devenue membre relativement à ces actions ou les ait dûment transférées.

Pouvoir de retenir des dividendes sur les actions de membres décédés ou en faillite.

Art. 79.

Au cas où plusieurs personnes seraient enregistrées comme propriétaires conjoints d'actions ou de stock chacune de ces personnes peut donner des reçus valables pour tous dividendes et paiements à valoir sur les dividendes afférents à ces actions ou stock.

Dividende aux propriétaires conjoints.

Art. 80.

Un transfert d'actions ne donnera pas le droit à aucun dividende déclaré sur les actions avant l'enregistrement du transfert.

Transferts d'actions non translatifs de dividendes déclarés avant l'immatriculation.

Art. 81.

Toute assemblée générale déclarant un dividende peut décider que le paiement en soit fait en entier ou en partie par la distribution de certains éléments déterminés de l'actif et en particulier d'actions libérées, obligations ou stock hypothécaire de la Compagnie ou de toute autre société ou dans l'une ou plusieurs de ces manières et les administrateurs exécuteront cette décision et si une difficulté s'élève relativement à la distribution ils pourront la régler comme bon leur semblera et en particulier ils pourront émettre des certificats fractionnaires et fixer la valeur pour la distribution de cet actif spécial ou de toute partie de celui-ci et pourront décider que des paie-

Paiement de dividendes autrement qu'en espèces.

ments en espèces seront faits à tout membre sur la base de la valeur ainsi fixée de façon à régler les droits de toutes les parties et ils pourront remettre cet actif spécial à des fidéicommissaires sous tels fidéicommis pour les personnes ayant droit au dividende qu'il peut paraître bon aux administrateurs. Quand cela sera nécessaire une convention régulière sera déposée conformément à la section 88 de la Loi et les administrateurs peuvent nommer toute personne pour signer cette convention pour le compte des personnes ayant droit au dividende et cette nomination sera valable.

Art. 82.

Dividendes payables par chèques mis à la poste.

A moins qu'il n'en soit décidé autrement tout dividende peut être payé par chèque ou mandat expédié par la poste à l'adresse enregistrée du membre ou de la personne y ayant droit ou dans le cas de propriétaires conjoints à celui d'eux dont le nom figure le premier sur le registre à l'égard des actions indivises. Tout chèque de cette nature sera payable à l'ordre de la personne à laquelle il est envoyé.

Comptes.

Art. 83.

Comptes à tenir.

Les administrateurs feront tenir des comptes sincères des sommes d'argent reçues et dépensées par la Compagnie et des opérations du chef desquelles ces recettes et dépenses ont lieu et de l'actif, des crédits et du passif de la Compagnie. Les livres de comptes seront tenus au siège ou dans tous autres endroits ou endroit que les administrateurs aviseront.

Art. 84.

Inspection par des membres.

Les administrateurs fixeront de temps à autre si et dans quelle mesure et à quels époques et endroits et sous

quels conditions ou règlements les comptes et les livres
de la Compagnie ou toute partie de ceux-ci seront ouverts
à l'inspection des membres et aucun membre n'aura le
droit de prendre connaissance d'aucun compte ou livre
ou document de la Compagnie que dans les limites pres-
crites par les lois ou autorisées par les administrateurs
ou par une résolution de la Compagnie en assemblée
générale.

ART. 85.

Lors de l'assemblée ordinaire chaque année, excepté
l'année 1911, les administrateurs soumettront à la Compagnie un compte des profits et pertes et un bilan contenant un état sommaire des biens et du passif de la Compagnie établis à une date de pas moins de quatre mois
avant l'assemblée depuis la date à laquelle les derniers
compte et bilan précédents ont été établis ou dans le cas
des premiers compte et bilan à partir de l'incorporation de
la Compagnie.

ART. 86.

Chacun de ces comptes et bilans sera accompagné d'un
rapport des administrateurs quant à l'état et à la situa-
tion de la Compagnie et quant à la somme (s'il y en a)
qu'ils recommandent de payer sur les bénéfices à titre de
dividendes aux membres et la somme (s'il y en a) qu'ils
proposent de porter au fonds de réserve conformément
aux dispositions à cet effet ci-dessus contenues et le
compte, le rapport et le bilan seront signés par deux
administrateurs.

Vérification des comptes.

ART. 87.

Une fois au moins chaque année, excepté en 1911, les
comptes de la Compagnie seront examinés et l'exactitude

du compte de profits et pertes et du bilan sera reconnue
par un ou plusieurs commissaires aux comptes.

Art. 88.

Commissaires aux comptes.

La Compagnie nommera à chaque assemblée ordinaire
un ou plusieurs commissaires aux comptes pour rester en
fonctions jusqu'à l'assemblée ordinaire suivante et les
dispositions de la loi quant à l'examen des comptes s'appliqueront.

Art. 89.

Date de la clôture définitive des comptes.

Tout compte des administrateurs après vérification et
approbation par une assemblée générale sera définitif, à
l'exception de toute erreur y découverte dans les trois
mois après leur approbation. Si une telle erreur est
découverte pendant cette période le compte sera de suite
rectifié et deviendra désormais définitif.

Avis.

Art. 90.

Mode de notification aux membres.

Un avis peut être notifié par la Compagnie à tout membre
soit personnellement ou en l'envoyant par la poste sous
enveloppe ou bande affranchie adressée à ce membre à son
adresse enregistrée.

Art. 91.

Membres résidant à l'étranger.

Tout propriétaire d'actions enregistrées dont le domi-
cile n'est pas dans le Royaume-Uni notifiera de temps à
autre par écrit à la Compagnie une adresse dans le
Royaume-Uni qui sera considérée comme son adresse
enregistrée dans le sens de la dernière clause qui précède.

Art. 92.

Tout avis qui doit être donné par la Compagnie aux membres ou à l'un quelconque d'eux et qui n'est pas expressément prévu dans les présentes sera valablement donné par annonce. Tout avis qu'il y a lieu de donner ou qui peut être donné par annonce sera inséré une fois dans deux journaux quotidiens de Londres.

Art. 93.

Tous avis relatifs à des actions auxquelles des personnes ont droit conjointement seront donnés à celle de ces personnes nommée en premier lieu dans le registre à l'égard de ces actions et un avis ainsi donné sera un avis suffisant à tous les propriétaires de ces actions.

Art. 94.

Tout avis envoyé par la poste sera censé avoir été notifié le jour suivant celui de la remise à la poste de la lettre, enveloppe ou bande contenant l'avis et pour faire la preuve de cette notification il suffira d'établir que la lettre, enveloppe ou bande contenant l'avis a été correctement adressée et mise à la poste.

Art. 95.

Toute personne qui, en vertu de la loi, par suite d'un transfert ou d'autre moyen quelconque, devient propriétaire d'une action sera lié par tout avis relatif à cette action qui, avant que son nom et son adresse aient été portés sur le registre, aura été dûment donné à la personne de laquelle il tient son titre à cette action.

Art. 96.

La signature apposée à un avis qui doit être donné par la Compagnie peut être écrite ou imprimée.

Liquidation.

Art. 97.

Distribution d'actif en nature.

Si la Compagnie vient à être liquidée, soit volontairement ou autrement, les liquidateurs peuvent avec la sanction d'une résolution extraordinaire, diviser parmi les actionnaires en nature toute partie de l'actif de la Compagnie et peuvent avec la même sanction transférer toute partie de l'actif de la Compagnie à des fidéicommissaires sous tels fidéicommis pour le profit des actionnaires que les liquidateurs avec la même sanction jugeront convenables, et s'il est jugé utile, tout partage de cette nature peut être fait autrement qu'en conformité des droits légaux des membres de la Compagnie, et notamment toute classe peut recevoir des droits de préférence ou spéciaux, ou peut être exclue entièrement ou partiellement, mais au cas où un partage autrement qu'en vertu des droits légaux des actionnaires serait décidé, tout actionnaire qui en sera lésé aura droit de s'y opposer et d'exercer des droits connexes comme si cette décision était une résolution spéciale votée en vertu de la section 192 de la Loi.

Art. 98.

Signification aux agents de Londres de membres hors de la juridiction.

Dans le cas de liquidation de la Compagnie en Angleterre, tout membre de la Compagnie qui ne serait pas en Angleterre à cette époque sera tenu, dans les quatorze jours du vote d'une résolution effective de liquider la Compagnie volontairement ou après qu'une ordonnance aura été rendue pour la liquidation de la Compagnie, de donner avis par écrit à la Compagnie désignant quelqu'un domicilié à Londres auquel tous assignations, avis, ordonnances et jugements ayant trait à la liquidation de la

Compagnie peuvent êtres signifiés et à défaut de cette
désignation les liquidateurs de la Compagnie seront libres
de désigner une telle personne pour le compte de ce
membre et la signification à la personne ainsi désignée,
qu'elle soit nommée par le membre ou les liquidateurs,
sera considérée être une signification régulière à la personne de ce membre à toutes fins et quand les liquidateurs feront cette désignation ils en donneront avis avec
toute la célérité possible à ce membre par une annonce dans
le journal *the Times* ou par lettre recommandée mise à
la poste et adressée à ce membre à son adresse telle quelle
est inscrite sur le registre des membres de la Compagnie
et cet avis sera considéré comme signifié le jour suivant
celui de l'insertion de l'annonce ou de la remise à la poste.

Indemnité et responsabilité.

Art. 99.

Tout administrateur, directeur, secrétaire et autre officier ou employé de la Compagnie sera indemnisé par la
Compagnie et ce sera le devoir des administrateurs sur les
fonds de la Compagnie de payer tous frais, pertes et
dépenses qu'un tel officier ou employé peut encourir ou
dont il peut devenir responsable en vertu de tout contrat
ou convention ou acte fait par lui en sa qualité d'officier
ou d'employé ou d'une manière quelconque en remplis-
sant ses devoirs, y compris les frais de voyage.

Art. 100.

Aucun administrateur ou autre officier de la Compagnie
ne sera responsable des actes, quittances, négligences ou
fautes de tout autre administrateur ou officier où pour
avoir concouru dans une quittance ou autre acte à titre de

conformité ou pour toute perte ou dépense se produisant
pour la Compagnie par suite de l'insuffisance de tous biens
acquis par ordre des administrateurs pour et au compte
de la Compagnie ou par suite d'irrégularité dans les titres
d'acquisition de ces biens ou pour l'insuffisance ou l'irrégularité des placements dans lesquels des fonds de la Compagnie seront placés ou pour toute perte ou tout préjudice
provenant de la faillite, l'insolvabilité ou l'acte délictueux
de toute personne avec laquelle toutes sommes d'argent,
valeurs ou objets seront déposés ou pour toute perte ou
tout' préjudice occasionné par une erreur de jugement,
inadvertance, omission ou faute de sa part ou pour toute
autre perte, préjudice ou malheur quelconque qui se pro-
duira dans l'exécution de ses fonctions ou y relativement
à moins qu'ils ne se produisent par suite de sa propre
déshonnêteté.

Noms, adresses et descriptions des souscripteurs.

R. V. Vassar Smith, Charlton Park, Cheltenham, rentier.

J. W. Beaumont Pease, Pendower, Newcastle-upon-Tyne,
rentier.

E. Brodie Hoare, Tenchleys, Limpsfield, Surrey, rentier.

W. S. de Winton, Tymawr, Brecon, rentier.

Austin Henry Harris, 81, Gracechurch Street, London
E. C., rentier.

Daté ce 25 juillet 1911.

Témoin aux signatures ci-contre :

Edwd J. Harrison.
10, Garden Road, Bromley, Kent, Gentleman.

IMPRIMERIE CHAIX, RUE BERGÈRE, 20, PARIS. — 7498-7-16. — (Encre Lorilleux).